AF358021

CATALOGUE

DES

Tableaux Anciens

PASTELS, DESSINS

DES ÉCOLES

FLAMANDE, FRANÇAISE (XVIIIe SIÈCLE), HOLLANDAISE, ITALIENNE

GRAVURES d'après Boilly, J.-B. Huet, etc.

TABLEAUX MODERNES

AQUARELLES, DESSINS

PAR

Appian, L.-A. Auguin, E. Boudin, H.-C. Delpy, Duvieux, Français,
Lambinet, M. Lalanne, F.-H. Lanoue, H. Picou, etc.

DONT LA VENTE AURA LIEU

HOTEL DROUOT, SALLE N° 10

Le Vendredi 28 Janvier 1910

A 2 HEURES 1/2

Me RENÉ LYON	**M. F. MARBOURTIN**
COMMISSAIRE-PRISEUR	PEINTRE-EXPERT
29, rue Le Peletier, 29	2, rue de Marseille, 2

EXPOSITION PUBLIQUE

Le Jeudi 27 Janvier 1910, de deux heures à six heures

CONDITIONS DE LA VENTE

Elle sera faite au comptant.

Les adjudicataires paieront *dix pour cent* en sus des enchères.

L'exposition mettant le public à même de se rendre compte de l'état et de la nature des objets, aucune réclamation ne sera admise une fois l'adjudication prononcée.

Paris. — Imp. de l'Art. Cʜ. Bᴇʀɢᴇʀ, 41, rue de la Victoire.

DÉSIGNATION

TABLEAUX ANCIENS

BALTHAZARD (Attribué à)

1 — *L'Amour endormi.*
Toile.

BOUCHER (Atelier de Fr.)

2 — *Bacchante, Faunes et Amours.*
Toile.

CANALETTO (École de)

3 — *Vue de Venise.*
Toile.

COURTOIS (Jacques, dit le Bourguignon)

4 — *Choc de cavalerie.*
Toile.

ÉCOLE FLAMANDE

5 — *L'Adoration des Mages.*
Panneau bois.

ÉCOLE FLAMANDE

6 — *La Réforme aux Pays-Bas.*
Cuivre. Cadre bois sculpté.

ÉCOLE FLAMANDE (xviie siècle)

7 — *Le Berger.*
Toile.

8 — *Conversation dans un parc.*
Toile.

9 — *Bacchus et Bacchante.*
Toile. Cadre bois sculpté.

ÉCOLE FRANÇAISE (xviie siècle)

10 — *Le Christ guérissant un paralytique.*
Toile.

11 — *La Résurrection de Lazare.*
Toile.

12 — *Le Christ rendant la vue à un aveugle.*
Toile.

13 — *Le Christ chassant les vendeurs du Temple.*
Toile.

14 — *Paysage.*
Panneau bois.

ÉCOLE FRANÇAISE (xviiie siècle)

15 — *L'Enlèvement d'Europe.*
Toile.

ÉCOLE FRANÇAISE (xviiie siècle)

16 — *La Famille.*
   Toile.

17 — *La Sculpture.*
   Toile.

18 — *Sujet tiré de l'histoire de la Grèce.*
   Toile. Cadre bois sculpté.

19 — *Idylle.*
   Panneau bois.

20 — *Flore et Zéphyre.*
   Toile.

21 — *Marine avec personnages.*
   Toile. Cadre bois.

22 — *Paysage animé.*
   Toile.

23 — *Pastorales.*
   Deux dessus de porte.

ÉCOLE HOLLANDAISE

24 — *Les Musiciens ambulants.*
   Toile.

25 — *Vaches et moutons dans une prairie.*
   Toile.

26 — *Lièvre et oiseaux.*
   Toile.

27 — *Nature morte.*
   Toile.

HONDT (L.-D.)

28 — *Combat à la lisière d'un bois.*
Toile.

ÉCOLE PRIMITIVE ITALIENNE

29 — *La Vierge et l'Enfant entourés de Saints.*

ÉCOLES D'ITALIE

30 — *La Cène.*
Toile. Cadre bois.

31 — *Suzanne et les deux Vieillards.*
Cuivre.

32 — *Tête d'Homme.*
Panneau.

33 — *Cavaliers, bergers et troupeau.*
Panneau (fragment).

LE NAIN (Attribué à)

34 — *La Famille.*
Toile. Cadre bois.

LINT (Van)

35 — *Marine.*
Toile.

MURILLO (École de)

36 — *Femme en prière.*
Toile. Cadre bois.

OSTADE (Attribué à Van)

37 — *Le Charlatan.*
Panneau bois.

REMBRANDT (Attribué à)

38 — *Abraham renvoyant Agar et son fils Ismaël.*
Panneau bois. Cadre bois sculpté.

RUBENS (Attribué à)

39 — *Persée vainqueur de la Gorgone Méduse.*
Panneau bois.

RUBENS (Ecole de)

40 — *La Musique.*
Panneau bois. Cadre bois sculpté.

RUBENS (D'après)

41 — *La Femme au grand chapeau.*
Toile.

SON (Van)

42 — *Fleurs.*

STEVENS (Attribué à Antoine-Palamède)

43 — *Le Concert.*
Cuivre.

*

TENIERS (École de)

44 — *Les Joueurs de boules.*
Panneau bois.

45 — *Intérieur de cabaret.*
Panneau bois.

46 — *Le Buveur.*
Toile. Cadre bois sculpté.

VAN LOO (Attribué à CARLE)

47 — *Portrait d'Homme.*
Toile.

VERNET (Attribué à JOSEPH)

48 — *Les Pêcheurs. Intérieur d'un port.*
Toile.

VOS (Attribué à S. de)

49 — *Les Chasseurs.*
Toile.

———

50 — *Trumeau Louis XVI.*
Avec peinture genre de LANCRET.

PASTELS ET DESSINS ANCIENS
GRAVURES

BOILLY (D'après)

5 1 — *Les Voleurs.*
Deux gravures.

ÉCOLE FRANÇAISE (xviie siècle)

5 2 — *La Résurrection.*
Dessin. Encre de Chine.

ÉCOLE FRANÇAISE (xviiie siècle)

53 — *Vénus et l'Amour.*
Dessin rehaussé.

54 — *La Jeune Mère.*
Dessin.

55 — *Le Petit déjeuner.*
Pastel.

56 — *Femme couchée.*
Pastel.

5 7 — *Tête de Jeune Fille.*
Pastel.

HAMILTON (D'après)

58 — *Deux gravures.*

HUET (D'après J.-B.)

59 — *Les Baigneuses.*
Par Demarteau.

60 — *Pastorale.*
Par Demarteau.

LACROIX

61 — *Les Baigneuses.*

LANFRANC

62 — *Tête d'Ange.*
Sanguine.

POUSSIN (Attribué à N.)

63 — *Sujet religieux.*
Croquis. Encre de Chine.

———

64 — *Fête dans la cour de marbre du Château de Versailles.*
Deux gravures.

65 — *Enlèvement du Manneken-pis à Bruxelles.*
Gravure.

66 — *La Méprise.*
Gravure.

———

TABLEAUX MODERNES
AQUARELLES ET DESSINS

APPIAN (A.)

67 — *Marine.*

AUGUIN (L.-A.)

68 — *La Garenne de Bussac, près Saintes.*

BARRIÈRE

69 — *La Teste, Marée-Basse.*

BOUDIN (E.)

70 — *Sur la plage. Trouville.*
    Aquarelle.

DELPY (H.-C.)

71 — *La Seine près Mantes.*
    Toile.

DUVIEUX

72 — *Caravane de Touaregs.*

ÉCOLE 1830

73 — *Paysage.*

74 — *Une Route en forêt.*

75 — *Fleurs.*
Deux panneaux.

76 — *Les Pyrénées. Versant espagnol.*
Aquarelle.

FRANÇAIS (L.)

77 — *Paysage.*

GUIGNÉ (A.)

78 -- *Le Soir dans la Creuse.*
Aquarelle.

LABAT (G.)

79 — *Marine.*
Aquarelle.

LALANNE (Maxime)

80 — *Entrée d'un port.*
Fusain.

81 — *Vieilles maisons sur un canal.*
Fusain.

LAMBINET (Eug.)

82 — *La Mare.*

LANOUE (F.-H.)

83 — *Chemin à Barbizon.*

LAZERGES (P.)

84 — *Arabe assis.*
Dessin rehaussé.

PICOU (Henri)

85 — *Sujet mythologique.*

86 — *Jeunes Filles au crabe.*

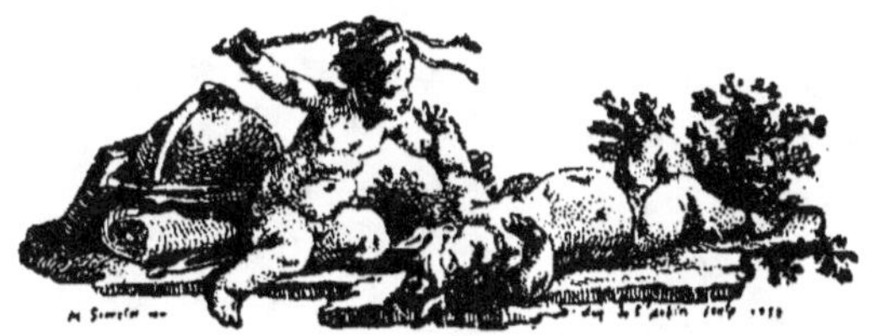